AF607185

# UN MOMENTO

LUIS MUÑOZ

# UN MOMENTO

VISOR LIBROS

VOLUMEN MCCXXII DE LA COLECCIÓN VISOR DE POESÍA

Cubierta: Montse Lago

© Luis Muñoz

Edición al cuidado de Nicole Brezin

© VISOR LIBROS
Isaac Peral, 18 - 28015 Madrid
www.visor-libros.com

ISBN: 978-84-9895-572-9
Depósito Legal: M-6852-2024

Impreso en España - Printed in Spain
Gráficas Muriel. C/ Investigación, n.º 9. P. I. Los Olivos - 28906 Getafe (Madrid)

*Cualquier forma de reproducción, distribución, comunicación pública o transformación de esta obra solo puede ser realizada con la autorización de sus titulares, salvo excepción prevista por la ley. Diríjase a CEDRO (Centro Español de Derechos Reprográficos) si necesita fotocopiar o escanear algún fragmento de esta obra (http://www.conlicencia.com; 91 702 19 70 / 93 272 04 47)*

# I

# MÁS BIEN

*Mi sentimiento no es, en suma, exclusivamente mío, sino más bien NUESTRO.*

ANTONIO MACHADO. «Problemas de la lírica»

## LA POESÍA

Con las porosas llamas
de hierbabuena
el sol se encariña.

Está encima y debajo,
fuera y a través,
acercándose
como a una suerte.

## CON GAFAS ESPECIALES DE VER ALMAS

—He visto una
de pelota de tenis
colada
entre los barrotes
de una reja.
¿Podría salir?
No sin ayuda.

—Una de espejo
donde eran devueltas
a su destino, sin probar,
lo mismo las imágenes
que las semejanzas.

—Una de brujulita
con solo dos direcciones,
dos flechas claras azules
a lo externo y lo eterno.

—Una de grifo dulce,
goteando o a chorros,
al servicio total
de quien pasase
o no.

## CONVIVENCIA

Chasquidos al unir
rincones, patios, cielo
a mediodía en verano,
amaneceres
de dar palmas a todo,
ropa recién quitada,
como un set de ventosas.

## UN MOMENTO

En mi bolsa amarillo limón de lo pasado creo que no va a meterse. Que después del primer acercamiento va a salir disparado, sin tan siquiera polvo o humo. Ni en corteza, ni en resumen, ni en nota de color —con los rasgos más llamativos acrecentados— quiere convertirse. Lo dice con claridad mientras borra amorosamente todo su cuerpo, cuidando no quede un solo trazo vivo al aire.

## LAS QUIETUDES

Se sienta en el fondo del pozo
seco de sí,
se abraza a las rodillas,
mira el recorte
del cielo y el paso
de barcos y casas,
hojas, insectos.

Que no sepa si es nube
este sueño
no importa tanto
como qué bolsas,
de qué tipo,
contiene su busca.

Lo que hace —duelos,
entradas, bromas,
amor, comparaciones—,
pelea entre sí cuando se roza
en su cuerpo grande de lámpara.

## LAS CUESTIONES TEMPORALES EN EL AIRE

Nos encontramos
con el grafiti plata
en un portón del parque:
«¿Podemos cambiar?».

A la primera respuesta,
«no sé», en un casillero,
han añadido otra
en rojo cera rápida,
que sobresale del contiguo:
«Sí-No-Sí».

## TIEMPO TIEMPO

Las galletas doradas del sol en la colcha. Hay enfrente un edificio en construcción. Mazas y limas como alternándose. Cosas que teníamos que decirnos en sexo, paisajes callados y agua de colonia, las decimos tan despaciosamente que adelantan, de pronto, a la urgencia.

## LAS TRANSFORMACIONES

Me envía un mensaje
desde el otro cuarto.

Estoy metido en la penumbra
coloreada
por cosas luminosas
que antes nos hemos dicho.

Han levantado el vuelo
de la tarde interior
con espirales, dardos,
que ahora se fijan.

## BROTA

Una fuente distinta
a cualquiera
que hubiese visto antes
y a la vez igual
a la que fluía
al no haber visto ninguna.

## DUERMEVELA DEL CONSTRUCTOR QUE NOS LO RECOMIENDA

El suelo es rodante.
Lo que pongáis sin poso
cae
en un cajón
con los demás intentos,
bullas.

## LEYENDO JUNTOS UN POEMA DEL SIGLO XIV

Al instante
que necesita
para existir
no pertenece solo.

No se limita
a su aro de cebolla
del mundo,
al que cuaja cuajándose.

Amanece, anochece
y, sobre todo,
atardece sin fin con un sentido
amplio y fervoroso
de miniatura.

Repleto de paciencia
y gratitud,
da cabida a una ordenación
consciente de qué es imposible
nombrar,
con un solo espejo
enfrentado

a la perfección ultimísima
de la nada.

Es de cualquiera
que se lo encuentre.

No se da por aludido
si alguien, al conectarse,
dice «obsoleto».

# MÁS PRONTO QUE TARDE

## I

## OBJETIVO

Si con nosotros todas
las cosas que nos varían
son verdes,
su hilo en cuestión
es el tenso,
sin límite,
donde no vale
hacer nudos
—«podrías intentarlo,
no pasa nada»—
porque solos, en sí,
se autodisuelven
al cabo.

## II

## ALGO

De una viruta
amorosa, pendientes,
que desprendiera,
por su cuenta,
el cielo en caída
sobre la calle.

Nos estábamos procurando
además
raspadores, platos, dedos.

## III

## JUGO

La unión de vaivenes
del cuerpo
con los de la ciudad
encuentra zonas
tuyas-suyas
de cultivo conjunto,
amadas
por una frecuencia
de cambios
alegre-dolorosa.

## IV

## TELAS

Es de corte limpio
y uno
el río de tergal violeta.

Las lenguas de musgo
que le bailan el agua
sobresalen del tiempo
como él y nosotros.

## V

## IRRUPCIÓN

Hay un codo de sombra
hundido en la pared del cuarto.

Las palomas se fían
de las semillas puestas
en el alféizar.

El viento que las mueve,
verde y puntiagudo,
reluce en las vetas
de los recuerdos nuevos.

## VI

## MARGEN

La granja del pulso
de la tarde aguanta
—antes ni pensarlo—
lo que le echemos.

Es bateadora,
vocera o electricista,
según.

## VII

### PIEDRAS

Montoncitos, testigos
tangibles, cuánto
en dibujo,
en volumen,
al perderme
ayudáis.

## APUNTE EN UNA BIOGRAFÍA

Bueno, si se deja la piel en el intento, si combate sus límites, si cae y se levanta, si el tiempo lo succiona, pero él resiste ahí, una vez y otra vez, punteando lo oscuro con luz que encienden solo las palabras, su compañía viene, como una pieza entera, al cuidado furioso de nuestro nuevo día, esa porción de venga, de quizá, llena de estambres vivos y de cielos cruzados, mirando a ver por dónde.

## SU ALCANCE

Un pezón
más marcado
que otro
en el mundo de rutas
de los pezones
supone un poder
extratmosférico que todo
y nada tiene
que ver con los pasos
rasantes,
acometidos
de cada cosa.

## UNA ENCUESTA

Cómo de bajo lo alto,
de huraño lo verde,
de fresco lo piedra,
de pasado lo vivo.

## LOS MIEDOS

Nos ha tocado esta agua
irisada.
¿Poder salirnos?

No, hacemos la parte
que la recibe y mueve
hasta la espuma,
que la clarea y lleva
a transparencia
diciendo:
«Dos agitadores parecen
mejor que solo uno».

El fondo del paisaje
se descompone en hebras.
Pegotones de carne
son curva de una orilla.
Los celestes escuecen
en los ojos
y por intensos suben
como una oscuridad.

¿Hay un gozne que aguante
el movimiento?
¿Lo tenemos, somos
alguno?

## SELLO

No
nos pertenece,
ni deja en absoluto
de pertenecernos
pegándose a las caras.

Es el liquen común
de casi cada tarde.

# II

# EL MODELO

*El modelo es necesario. ¿Para copiarlo?*
*No; para pensar en él.*

ANTONIO MACHADO. «Heterogeneidad del ser»

## E.

*(TV)*

Les dice que es su sueño.

La vida lo ha arrastrado hasta este filo.
Si puede atravesarlo, bien.
Si no, otro argumento
y, en principio, mal.

Los demás concursantes,
porque han venido a eso,
son amigo-enemigos.

Resplandece
si lo posible suelta
a lo imposible
como lastre de un globo.

Si coinciden los dientes
del azar
con las muescas del día.

Si la conciencia flota
como un humo cortado

y el reloj de la gana
se detiene un momento.

Si logra ser la mosca
rezongante
encima de los focos.

## C.

Visita a un recuerdo
suyo, partido
por estaciones
con las paradas largas.

Produce amor
instantáneo,
como otros, sombra
o flanes.

## CH.

Con un dedo naranja
de su pensamiento
dibuja rutas.

Pueda la barquita
virar,
pueda saltarse el agua
que solo es monótona
y seguir el camino
que tiembla recto.

## Y.

Ni esto ni lo otro.
Ni igual ni diferente.

Puesto que se había pasado
la noche
quitando los puntos
sobre las íes
y estaba nadando
en un mar tan picado
y resbaloso,
hecho solo de ellos
—que se excitaban
al coincidir—,
le aliviaba excluirse
de ser una certeza.

G.

Es de gomas elásticas el día
con sus cuestiones hasta que.

Cierto que estaba a vueltas
con lo inexpresable
y con el sumo intento
mínimo.

## H.

—¿Algo sobre tu día
a día?

—Como, bebo, miro,
duermo, toco, amo
aproximadamente.

# L.

Los higos están a punto. Algunos trozos muertos, diseminados después de un ataque de cotorras. El pañolón del viento es sedoso. La cabeza de gárgola del bote de jabón resplandece en el borde de la pila. Gotea la manguera medio enrollada en el suelo. «Estaría aquí con nosotros —dice—, le cosquillearía la ola rota de planes por hacer».

## R.

El tiempo, no el día,
es su propósito,
pero tampoco es simple carne,
tiene adhesivos piel
y esquemas.

## F.

Al salir de la piscina
dice que no
pinta nada aquí.

Los ojos, girasoles.

La cadera de ánfora
recién desenterrada,
perfecta.

El clip de cobre
doblado dulcemente
al bromear
con que abre la llave
de paso
a cada uno.

Pero es que no se ha visto.

## P.

Justo al asomar
sin triunfo del agujero,
dice:
«Nada es tan oscuro como
para que no puedan verse
sus elementos».

## V., L., J., C.

Apiñados en las piedras
de la playa
mientras la tarde
se desmiga.

Cunde un abandono
completo,
bordeado en cada cosa
por un lápiz.

Nos les da igual
en cualquier caso,
la preferirían
en un sentido pleno
o al regate.

## I.

Miente si le preguntan
cómo hace.

Para saltar encima
o al lado.

Para eludir el sorteo
continuo.

Imperceptible,
en el patio de atrás
de su cabeza,
se abre una mata
suculenta de logro.

## D.

El silencio ha pulimentado
tanto la superficie
que el reflejo es más cristalino
que los edificios tal cual.

Además le mete
la cabeza en el agua.

## K.

Treinta segundos. El puro mediodía. Una mariposa monarca se posa en su hombro. Lleva una arrugada camiseta celeste de manga corta. Está al sol en el pequeño jardín, después de haber rastrillado las hojas secas que forman una giba color bronce. En torno, un aire de anillos tibios y los vecinos pasean. No sabe por qué, con razones de sobra para estar preocupada, se siente a cubierto.

## O.

El sol en el intento
de enroscarse
deja muescas semicirculares
en la pasta del cielo
y pequeños conjuntos
de intersecciones seguidas
como bocados.

## M. C.

Había un punto
de ebullición
en otro espacio.

Otra necesidad
de ser.

Había otra sombra
bebiendo en la sombra.

Otro reclamo.
Otra suspensión.
Otro forcejeo.

Había otro pomo.

## E., G.

Veníamos por lo de

alcanzábamos a

era mucho más vivo con

amerizar tenía ante

aunque costase bajo

## A.

Todo el campo es de púas
—las señala—,
las zonas más suaves
tienen más
(se multiplican
si las rozas),
solo que transparentes.

M.

Es una noche clara
de cristal empañado.

El cielo brilla y se expande
como un spray.

«Dilo con tus palabras», pide,
mientras que el autobús
renquea
al emprender una subida.

«Yo no sé —le responde—,
es como un nudo en medio
del esternón,
algo que no te deja libre
ni un momento,
un golpe sin destino
que, si se pasa, da,
al poco rato, mucho
más fuerte».

Ahora con las suyas,
tergiversándolas,
de uno de sus últimos

poemas azules:
«Solo la sombra. Sin astro. Sin cielo.
Seres. Volúmenes. Cuerpos tangibles
dentro del aire que no tiene vuelo,
dentro del árbol de los imposibles».

# III

# LA CRIBA

*Tampoco la criba exige el grano, sino que,*
*por su estructura, es lo único que retiene.*

ANTONIO MACHADO. «Revisión de tópicos al uso»

## NO HACE

No hace falta que diga
lo diminuto que soy
sino por constatar
la alegría redonda
de sol,
peces,
pájaros
y montes
que va junto con eso
cuando va.

## CADA 2 X 3

Procura el día
remoto
colarse.

—Eh, no,
que estoy en hoy.

Se pega al cristal
de la ventana,
los dedos blancos, mucho,
por la presión.

Después es la nariz
carnosa, sonriente,
la que se junta y abre.

## EL AMOR

Es que pudiera darse
sin asomo ninguno
ni preparaciones.

Solo rumbo,
horizonte
tamaño a partir
del corte exacto
de la ventana.

## GLOSA

*(Idea Vilariño)*

Esto, los huesitos, los ganglios,
las médulas, la voz,
el tacto dulce,
el cristalino, el cristalino,
el pubis.

## COMO CILINDRO

Como cilindro tengo
las de ganar
si, cuando algo me impulsa,
tiro monte abajo
y en lugar de apoyarme,
me suelto
y solo busco tierra
para saltar
adelantándome,
en una vista rápida,
a lo que temo.

## LA ESTACIÓN

Recuerdos
que se primaverizan,
salen del palo
donde acurrucaban
su silencio.

Una vez liberados
agitan como tambores,
pasto, mosquitos
su carne.

## UN MOMENTO

Os estáis deshaciendo
también, ¿verdad?

Goterones del monte,
charcas, hierba,
cielo de álamos,
cubos de las casitas
esplendentes,
joviales, con saludos
a la redonda.

## TRASTEANDO

Trasteando en la vieja cocina, de las bajantes de la chimenea sacábamos pájaros muertos que se deshacían en las manos como una pelusa de humo y dejaban al aire huesos de palillos de blanco reluciente y calaveras picudas. Los queríamos al modo de lo que empujamos, con todas las ganas, para que pueda ir marcha atrás y sin embargo tira de él y de nuestra vida hacia delante solo.

## ¿POR QUÉ TAN LARGOS?

Estos rollos
de tela
estampados o lisos,
de fibras puras mezcladas,
no solo no acaban
cuando parece
sino que apenas
hacen un alto ponen
su desarrollo
en el punto de inicio.

## FLORA

Garbanzo
de soledad,
que bien pudiera
brotar y salirse
de madre,
con agua y cuidados
de luz,
o bien desentenderse
y eso.

## LAS IMÁGENES VIVAS

Son sin residuo.

A través de los poros
a los que llegan,
se marchan.

Su efecto es hacer
de todo el cuerpo
una mirada de 180°,
multiplicante,
un poco ansiosa,
que, sin embargo,
no almacena nada.

## PREDOLOR

El modo en que adelanto
a los coches del día,
bajo el cielo de nubes
rosas aguadas,
además de expresivo
es consciente
de que puedo hacerlo
ahora con el tráfico
más o menos normal
y con algo de margen
entre el pecho y la bola.

## PADRE

En el hueco de tu ausencia
brota una pequeña
mata carnosa
de hojas en racimo.

No hacia arriba,
sino a lo ancho,
irregularmente,
sin llenarlo del todo.

## ¿UNA DE TANTAS?

*(Alhambra)*

Las barandas, canales
abiertos
de agua estrepitosa,
son más de subir
que de bajar
con la mano en contra
ofreciendo
una resistencia lo mismo
blanda que fuerte.

## DUERMEVELA DEL HUERTECILLO

Una explanada lila
y, nada más atravesar
la pequeña cancela
chirriante, un huertecillo.

Cada palabra
en un grado distinto
de maduración
y relaciones íntimas
con el tranquilo entorno.

Cada una en la clave
pura de ser llamada.

Las saludadoras no más
que las envueltas
en la pelusa viva de las otras.

## EL CUERPO CAMBIA

Bolsas de agua,
ejes de rueda,
aire cargado.

Al final era cierto
y la transformación
no es sigilosa,
aunque se dé por partes:

de consecuencia a causa,
de continente a contenido,
de respuesta a pregunta.

# TRES AMIGOS

## I

## POEMA RESPIRO

Se toma un tiempo
antes de descargar
una sola palabra.

Entonces lo comprueba:
el cielo está en barbecho,
igual que él,
su cicatriz rosada es una pausa
entre dos voluntades.

Mira pues al futuro,
que no le corresponde con los ojos
sino con una bocanada
de aire dulce
y emprende algo:
bulbos, anuncios, hastaluegos.

## II

## POEMA ROBO

Vacía los bolsillos
de recuerdos
de otros.

Al cruzarse, en un tras,
un tropiezo
con la carne absorbente,
y se los pone.

## III

## POEMA DOCTOR

Prefiere que lo mire
solamente.

No me ausculta.

Desde su página soy
una oportunidad
para saber qué sabe.

El blanco en el que vive
vibra
como un tambor.

En la sala de espera
nadie espera.

Navegan los sonidos
del pasado
rizándose en el aire
y quitándose piel.

De mi umbral del dolor
quiere que hable.

«Depende del entorno», le digo
por decir,
sin revivirlo.

Me hace creer
que soy su reto,
que le importo
y que de mí depende.

Tiene a mano el silencio,
su textura de miga,
por si acaso.

Los minutos transcurren
como si fueran siglos
y brotasen:
fuentes de agua
o sol.

No me receta nada,
o sí:
que vuelva.

## UN AUTOENCARGO

Haz entrevistas.

Compón,
a flor de boca,
vueltas de discurso,
proyecciones adláteres.

A cada cosa, ser,
que puedas.

Lo no sabido o dicho
nunca,
descolocante,
jugo,
ocupe el campo
dado de tu visión.

## SUBIDO A LA HIGUERA

El perfume rasposo de las hojas compone una burbuja. Cómo el consuelo que supone estar dentro implica un máximo de atención sobre la gana fuerte —diferenciándola de la que no lo es— y una calidez de cobijo que es para los sentidos riego. Mi adolescencia está subida a ese cuerpo gris verde y al radar redondeado de su vibra. Lo veo aclararse delante de mis ojos cuando necesito orientarme en mitad de los surcos sorpresa de algo o alguien.

## APROXIMACIÓN

Grandes bloques de tiza
que me separan
de lo que quiero
y tengo a mano.

Cómo sería el corte
o la broca.

## NOTAS

Los versos citados al final de «M.» (pág. 61) pertenecen al poema «Eterna sombra» de Miguel Hernández.

«Glosa» (pág. 70) recrea unos versos del poema «Esto» de Idea Vilariño.

# ÍNDICE

## I
## MÁS BIEN

## II
## EL MODELO



## III
## LA CRIBA

Esta primera edición de
*Un momento*
se acabó de imprimir
el 4 de marzo de 2024
en Madrid.